LE R. P. PASCAL

MISSIONNAIRE DE LA CONGRÉGATION DU SAINT-ESPRIT
ET DE L'IMMACULÉ CŒUR DE MARIE

DÉCÉDÉ A PORT-AU-PRINCE LE 16 AOUT 1865.

LE R. P. PASCAL,

MISSIONNAIRE DE LA CONGRÉGATION DU SAINT-ESPRIT ET DE L'IMMACULÉ CŒUR DE MARIE,

DÉCÉDÉ A PORT-AU-PRINCE LE 16 AOUT 1865.

I. — Ses premières années et ses essais dans le saint ministère.

Jean-Baptiste-Marc Pascal naquit à Toulouse, le 6 avril 1814. Malgré le désir de ses pieux parents, il ne put recevoir le sacrement de la régénération spirituelle que sept jours plus tard, c'est-à-dire le 13 de ce mois. Il nous apprend lui-même, dans une petite note écrite de sa main, que « son baptême fut retardé à cause des difficultés occasionnées par la bataille de Toulouse. »

A l'âge de douze ans, il eut le bonheur de faire sa première communion, et trois mois après il entra au petit séminaire diocésain. Ces années de sa jeunesse passées au milieu des bons exemples qu'il avait sans cesse sous les yeux, furent pour lui le plus doux de ses souvenirs. Sa tendre piété envers Marie, qu'il appela dès lors du nom de *Bonne Mère*, et son amour pour Jésus, dont il s'efforça de procurer toujours la plus grande gloire, le firent bientôt distinguer par ses directeurs.

Au mois de décembre 1831, il fit à Dieu sa première consécration, en recevant la tonsure cléricale. Le séminaire de Toulouse recevait alors la plus heureuse impulsion de ferveur. L'âme ardente du jeune lévite chercha constamment à s'alimenter par toutes les saintes pratiques qui y étaient en usage. La pieuse *Congrégation des Enfants de Marie* le vit avec joie entrer dans son sein. Il y reçut pour nouveau patron saint Stanislas Kostka. Elle ne tarda pas à le choisir elle-même pour le directeur de ses petits exercices, et tous les confrères ne purent qu'être édifiés des exemples qu'il donna d'une vertu déjà solide, qui ne se démentit jamais.

On conserve de lui, de cette époque, plusieurs petits écrits spirituels qui respirent la piété la plus naïve et la plus tendre envers Jésus et Marie, et, entre autres, plusieurs lettres qu'il écrivait au divin Enfant avec cette inscription : « A l'unique ami de mon cœur, » et à la très-sainte Vierge, avec ces mots : « Au plus cher objet de mon cœur. »

Ce fut dans ces pieuses dispositions que le jeune abbé Pascal reçut successivement les ordres mineurs en 1838, le sous-diaconat et le diaconat en 1839, et enfin le sacerdoce le 17 décembre 1840.

Ordonné prêtre, il fut nommé vicaire à Nailloux. Auxiliaire laborieux d'un pasteur infirme, il administra cette paroisse avec une prudence digne d'un âge plus avancé. Il fut bientôt appelé à la cure de Montlaur (doyenné de Montgiscard), où se montrent encore les traces profondes du bien qu'il y opéra.

Mais les labeurs du ministère ordinaire ne suffisaient pas à cette âme d'apôtre. Il demanda à M. Le Guay, alors supérieur du séminaire du Saint-Esprit à Paris, la faveur d'aller dans les colonies pour s'y dévouer à l'évangélisation des pauvres Noirs qui, alors, étaient encore esclaves.

II. — Ses travaux apostoliques à Bourbon

Après quelques mois passés dans cette maison, il s'embarqua à Nantes, vers la fin de 1846. A son arrivée à Bourbon, il obtint de Mgr Poncelet, préfet apostolique, d'être attaché spécialement à l'œuvre des Noirs, et d'y continuer les travaux qu'y avaient si bien commencés Mgr Monnet et les Pères du Saint-Cœur de Marie.

Ses succès parmi les Noirs, et aussi dans la population blanche, lui eurent bientôt conquis l'estime de toute la ville. Mgr Poncelet, qui l'estimait profondément, en fit son conseiller intime, et quoique l'abbé Pascal n'eût alors, officiellement du moins et extérieurement, que le titre et l'humble position de vicaire de Saint-Denis, le chef spirituel de la Colonie crut devoir l'appeler à partager sa sollicitude et lui confia les pouvoirs de vice-préfet apostolique. Voici la lettre qu'il lui écrivit à cette occasion :

« Saint-Denis, 29 janvier 1848.

» Mon cher confrère,

» Je viens vous avertir que je vous donne tous les pouvoirs de vice-préfet apostolique, en vous environnant de toute ma confiance. Je compte sur votre zèle et sur votre empressement à répondre, pour la gloire de Dieu et le salut des âmes, à mon amitié et à ma confiance.

» Signé : P. Poncelet,

» *Préfet apostolique.* »

L'abbé Pascal fit tout ce qui était en lui pour refuser un honneur si opposé à ses goûts d'humilité et de modestie; et, s'il fut enfin obligé de se soumettre, ce ne fut qu'à la condition de continuer ses fonctions de vicaire de Saint-Denis et de missionnaire des Noirs; en sorte que, malgré cette dignité nouvelle, il demeura toujours, aux yeux de la Colonie et de la plupart de ses confrères, ce qu'il avait été auparavant.

Vers la fin de la même année, Mgr Poncelet, se voyant forcé de retourner en France pour rétablir sa santé, pensa sérieusement à lui confier, en son absence, l'administration spirituelle de la Colonie. Mais la divine Providence, en ayant décidé autrement, ce fut à M. l'abbé Guéret qu'il délégua ses pouvoirs. Sous l'administration de ce dernier, M. Pascal fut succesvivement vicaire de Saint-Benoît et curé de Saint-Leu.

C'est là que le trouva Mgr Desprez, à son arrivée dans la Colonie. Cette dernière paroisse surtout laissait beaucoup à désirer. Le P. Pascal y travailla avec tant de zèle que bientôt la population fut toute transformée.

Aux saints offices, l'église était remplie. Les Noirs se convertirent en foule, et l'on vit bientôt la piété fleurir dans la population blanche. Un certain nombre d'hommes, distingués par la position qu'ils occupaient dans le pays, s'approchèrent des sacrements.

Le digne prélat, pendant une visite pastorale qu'il fit dans cette paroisse, fut si touché de ce dont il était témoin, qu'il résolut de nommer M. Pascal à la cure de sa cathédrale. L'humble curé de Saint-Leu, effrayé et profondément affligé de cette détermination, fit auprès de Sa Grandeur les plus vives représentations pour la détourner de ce projet. Tout fut inutile, il fallut obéir et quitter sa chère paroisse ; ce fut pour Saint-Leu un deuil général ; partout on le pleura comme un père.

Arrivé à Saint-Denis, l'abbé Pascal mit tout en œuvre pour rehausser la pompe des cérémonies, et essaya, par tous les moyens, d'attirer à l'église la population blanche, qui semblait montrer une certaine tiédeur. On le voyait se dépenser, se multiplier ; et, quoique surchargé par les exercices religieux qu'il donnait à la population blanche, il voulait encore assister et prendre une part active à tous les exercices des affranchis. Là, comme partout ailleurs, la divine Providence bénissait ses travaux et lui donnait de grandes consolations.

Nulle part il n'y a de roses sans épines, et l'homme de Dieu n'obtient du succès dans ses œuvres qu'en passant par le creuset des tribulations. Le bon P. Pascal, comme on l'appelait, en eut aussi sa part dans cette nouvelle position. Après avoir beaucoup travaillé, mais aussi beaucoup souffert à Saint-Denis, il fut choisi par la divine Providence pour aller travailler dans une autre partie du diocèse. Il fut nommé à Saint-Paul, dont la cure vint à vaquer sur ces entrefaites. Cet acte de dévouement fut abondamment béni du ciel.

A Saint-Paul, comme partout ailleurs, le P. Pascal se fit de suite remarquer et estimer de tous par son zèle infatigable. On le vit, comme à Saint-Denis et à Saint-Leu, s'adonner tout entier à l'œuvre des Affranchis, aussi bien qu'aux exercices plus particulièrement consacrés à la population blanche. Et tel fut le travail qu'il s'imposa que, malgré le concours plein de dévouement que lui prêtaient ses zélés confrères, il voulut toujours être avec eux et à côté d'eux pour se rendre utile au salut de tous. Aussi sa santé, profondément altérée, lui rendit bientôt nécessaire un voyage en France.

Son départ, toutefois, ne put s'effectuer qu'après l'arrivée de Mgr Maupoint, en 1857. Le zélé prélat, qui avait apprécié son mérite, ne put y consentir qu'avec beaucoup de regret.

L'abbé Pascal va désormais entrer dans une phase nouvelle de son existence. Mais, avant de le suivre, jetons un dernier coup d'œil sur les vertus que ce digne prêtre a pratiquées durant son laborieux séjour à Bourbon. Et ici nous ne ferons que reproduire les notes de l'un de ses anciens collaborateurs, qui fut même quelque temps son supérieur ecclésiastique, pour devenir plus tard son frère en religion.

III. — Coup d'œil général sur ses vertus et son zèle durant cette première partie de sa carrière apostolique.

« La première vertu, dit-il, que l'on remarquait dans les rapports que l'on avait avec M. l'abbé Pascal, c'était une très-grande piété. Cette vertu était comme gravée sur sa physionomie et dans tout son extérieur ; sa conversation en était toute imprégnée ; les noms de Jésus et de Marie lui étaient familiers ; et, quand on avait eu l'occasion de s'entretenir quelque temps avec lui, on s'en retournait édifié et plein d'estime pour sa personne.

» Cette tendre piété se reflétait encore d'une manière frappante dans ses instructions.

» Parmi ses dévotions spéciales était, en première ligne, la dévotion à la très-sainte Vierge : il l'appelait ordinairement la *Bonne Mère*. Personne n'était plus actif que lui pour propager son culte, répandre ses confréries, célébrer ses fêtes avec solennité. C'est à elle qu'il s'adressait dans toutes ses entreprises ; et un de ses grands moyens pour sauver les âmes était de les mettre sous la protection de la Bonne Mère. Il voulait que tous ses bons noirs portassent sa médaille, et, quand il avait un pécheur à convertir, la médaille miraculeuse était toujours l'arme puissante à laquelle il essayait d'avoir recours.

» Malgré ses grandes occupations, il ne manquait jamais aux exercices de piété qui font la force et la consolation du bon prêtre. La méditation, le chapelet, la lecture spirituelle et surtout celle de l'Ecriture sainte étaient pour lui des pratiques journalières, dont il ne se dispensait que quand il y avait nécessité absolue. Tous les mois, il avait l'habitude de prendre au moins un jour qu'il consacrait à la retraite spirituelle.

» La charité envers le prochain ne peut guère se séparer de la piété, qui est un fruit de l'amour de Dieu. Aussi la remarquait-on à un haut degré dans notre bon abbé Pascal.

Nous ne dirons point les nombreuses aumônes qu'il répandait dans le sein des pauvres, les consolations de toutes sortes qu'il apportait aux familles désolées, les sacrifices qu'il s'imposait pour retirer ou préserver du vice certaines âmes plus exposées. Dieu seul en connaît le nombre. Ce sont là de ces œuvres que sa modestie s'appliquait à tenir secrètes et à cacher aux yeux des hommes. Mais ce qui frappait tous ceux qui étaient en contact avec lui, c'était son empressement à rendre service, et surtout sa rare charité dans les conversations.

» On ne l'entendait jamais dire du mal de personne; et il arrivait qu'en sa présence on se mît à critiquer ceux mêmes dont il avait eu lieu de se plaindre, il savait à propos détourner adroitement le sujet de la conversation.

» Il s'est pourtant présenté, dans sa vie, bien des circonstances où sa charité dut être mise à une rude épreuve. Mais elle avait pour fondement une grande patience, une patience qui savait souffrir sans plainte et sans murmure les plus pénibles contrariétés, quelque humiliantes qu'elles fussent. Ainsi, après le départ de Mgr Poncelet, M. l'abbé Guéret, qui le remplaçait, ayant cru devoir envoyer l'abbé Pascal troisième vicaire à Saint-Benoît, celui-ci n'ouvrit même pas la bouche pour faire entendre une plainte ou une simple observation. Cependant, M. Pascal était alors depuis longtemps vicaire à Saint-Denis, la capitale de l'île, et il y exerçait une très-grande influence; il avait même été revêtu, quoique un peu en secret, comme nous l'avons dit, et sans aucune notification officielle, des pouvoirs de vice-préfet apostolique. La transition était donc un peu brusque et devait naturellement être très-pénible. Mais l'humble prêtre ne voyait dans ses supérieurs que l'autorité divine dont ils étaient revêtus. Il savait que la volonté de Dieu se manifestait à lui par leur entremise, et qu'il n'aurait de grâces d'état pour accomplir son ministère que là où il leur plaisait de le placer : aussi, profondément animé de cet esprit de foi, il reçut avec la plus grande soumission la communication que lui fit son supérieur, et ne lui répondit que par ces mots qui exprimaient si bien sa résignation : « *Deo gratias !* » M. l'abbé Guéret nous a raconté lui-même cette scène touchante, dont il était resté très-édifié.

» Nous ne dirons rien des mille et mille épreuves qui se présentèrent durant la vie de ce bon prêtre, surtout dans un pays où il y avait tant d'œuvres à créer, tant d'âmes à convertir, et souvent des susceptibilités sans nombre à ménager et quelquefois à contrarier, sous peine de voir son ministère stérile. Le bon P. Pascal en éprouva autant et peut-être plus que tout autre, lui dont l'âme était extrêmement sensible, et qui se faisait un devoir de garder pour lui toutes ses tribulations, dans la crainte de blesser la charité, ou d'enlever quelque chose à son mérite.

» Cependant, il en est une que nous ne pouvons nous décider à passer sous silence, parce qu'elle a dû lui être paticulièrement pénible, et n'a pas peu contribué à faire briller la vertu de ce saint prêtre.

» Tous ceux qui l'ont connu se rappellent avec quel soin il évitait tout ce qui pouvait, de près ou de loin, porter atteinte à la vertu qui fera à jamais la gloire du sacerdoce catholique. Jamais dans ses conversations, on n'a surpris la moindre expression qui pût blesser la modestie la plus sévère : on peut dire que, sur ce point, il paraissait inattaquable. Mais la divine Providence veut quelquefois éprouver ses élus par de cruelles épreuves.

» Une affreuse calomnie vint attaquer sa réputation, à l'endroit de la vertu la plus chère à son cœur de prêtre. Personne ne pouvait y ajouter foi, mais les ennemis de la religion (et il y en a malheureusement partout) l'exploitaient et essayaient de la colporter. Les choses allèrent si loin que Mgr Desprez, qui y croyait moins que personne, crut devoir lui écrire et lui demander des éclaircissements. Le P. Pascal lui répondit par une lettre pleine de résignation et de piété, dans laquelle il disait entre autres choses :

« J'ignorais complétement, Monseigneur, la calomnie dont vous me parlez, et je ne sache pas qu'à Saint-Paul personne en ait connaissance ; mais ce que je puis vous assurer, c'est que votre enfant n'a pas la moindre faute à se reprocher à l'endroit de la plus belle des vertus. »

» Monseigneur, après avoir reçu cette lettre, crut devoir s'adresser aux autorités de Saint-Denis, et les prier de rechercher les auteurs de cette calomnie, que l'on n'eut pas de peine à dissiper. La ville entière de Saint-Paul en fut indignée, se croyant outragée dans la personne de son vénéré Pasteur. Sa Grandeur, de son côté, afin de le consoler et de l'encourager dans cette nouvelle épreuve, s'empressa d'écrire à M. l'abbé Pascal une lettre admirable, que l'humilité du saint prêtre ne nous a pas conservée. Il sut sanctifier cette croix, et la moindre amertume n'entra jamais dans son cœur. Jamais non plus, dans ses lettres ou dans ses paroles, il n'y eut un mot contre ses détracteurs. Il se contenta de prier pour eux ; et en présence de nombreux témoins, on l'a vu embrasser avec effusion un des principaux auteurs de la calomnie qui, touché jusqu'aux larmes, devint dès lors un de ses admirateurs les plus dévoués.

» Que dire maintenant du zèle que déployait ce vrai missionnaire, et des moyens qu'il faisait valoir pour la réussite de ses œuvres! Ici, il faudrait retracer l'historique de ce qui se faisait alors à Bourbon, dans presque toutes les paroisses. C'était l'époque des grandes conversions, surtout parmi les Noirs ; et, dans les paroisses nombreuses, il n'était pas rare de voir ces pauvres gens se convertir tous les ans par milliers. Presque dans chaque localité, il y avait des prêtres spécialement chargés de cette population, et se dépensant jour et nuit pour l'attirer à l'église, pour l'instruire et la préparer à recevoir les sacrements.

» A Saint-Denis, le P. Pascal en était chargé avec quelques-uns de ses confrères. Ils avaient remplacé dans cette œuvre les Pères du Saint-Cœur de Marie, qui s'étaient fixés ailleurs. Ses travaux et ses succès étaient immenses. Tous les moments du jour, qu'il n'était pas indispensable de consacrer à d'autres occupations, et souvent même une partie des nuits, se passaient ou au confessionnal, ou en chaire, ou à la visite des malades. Les exercices à l'église étaient presque continuels. Dès quatre heures du matin, on disait tous les jours pour les Noirs une messe, pendant laquelle il y avait une instruction par forme de méditation. L'église était toujours remplie; et immédiatement après la sainte messe, commençaient les confessions, pour durer souvent jusqu'au soir. Il y avait des catéchismes spéciaux pour les enfants, pour les adultes qui se préparaient au baptême, pour ceux qui se disposaient au mariage, et d'autres pour les premières communions ; enfin, on faisait le catéchisme de persévérance, auquel continuaient à assister tous ceux qui avaient fait la première communion. Pour les encourager à assister à tous ces exercices, on faisait, dans ces réunions, des quêtes destinées à subvenir à leurs besoins en cas de pauvreté ou de maladie et à leur procurer des messes après décès. Tous ceux qui assistaient aux catéchismes de persévérance étaient censés avoir un droit spécial à ces avantages spirituels.

» Le chant et la pompe des cérémonies étaient les moyens principaux dont le P. Pascal se servait le plus avantageusement pour attirer les âmes. Les cérémonies des Noirs surtout étaient si brillantes, le chant des hymnes sacrés et des cantiques y était si admirablement exécuté, que les hommes de la population blanche, qui d'ailleurs ne venaient que rarement à l'église, se faisaient un plaisir d'y assister.

» Nous n'oublierons jamais les émotions que nous avons éprouvées nous-même en entendant, à la cathédrale de Saint-Denis, un chœur de quarante à cinquante Noirs, et autant de chanteuses prises parmi les femmes de cette population, tous exécutant en faux-bourdon et avec une précision admirable des morceaux quelquefois difficiles.

» Tout en se livrant à ce travail des Noirs, le P. Pascal

ne négligeait point le salut de la population blanche. Les nombreux habitants de Saint-Denis, de Saint-Paul et de Saint-Leu surtout, se rappellent avec bonheur ce qu'il a fait parmi eux, les soins qu'il ne cessait de prodiguer à ceux qui étaient malades, les instructions touchantes et fréquentes qu'il leur adressait, le grand nombre de ceux qu'il a convertis à la foi, et la ferveur qu'il savait inspirer aux enfants des écoles et aux personnes plus disposées à la piété. Les œuvres multipliées qu'il a fondées ou encouragées partout où il a passé, rediront longtemps les efforts et les succès de son zèle : nous voulons parler des sociétés de saint Vincent de Paul, de saint François Xavier, de Notre-Dame de Bon-Secours, l'Œuvre de la Propagation de la Foi et celle de la Sainte-Enfance. Cette dernière surtout qu'il a établie à Saint-Paul y avait déjà, de son temps, obtenu des succès prodigieux.

» Le bon Père, malgré des besoins si nombreux savait suffire à tous. Il avait si bien réglé tous les moments de sa journée, qu'il lui était difficile d'en perdre quelques-uns.

» A Bourbon, il n'est resté qu'une douzaine d'années; mais on peut dire que pendant ce peu de temps, il a fourni une longue carrière, et y a mené une vie pleine « *plenus dierum*. »

IV. — Retour en Europe. — Pieux pèlerinage. — Entrée dans la vie religieuse.

A peine arrivé en France, et avant même de s'être procuré la satisfaction d'embrasser, pour la dernière fois, peut-être, ses vénérables parents presque octogénaires, M. l'abbé Pascal se remit en mer pour satisfaire sa piété en visitant les plus célèbres sanctuaires de l'Italie et de la Palestine. « Nous nous rappellerons longtemps avec bonheur, écrit à ce sujet le R. P. Honoré, les paroles qu'il prononçait en approchant de la sainte Maison de Lorette, que nous avions le bonheur de visiter avec lui. »

Que ne pouvons-nous reproduire ici le récit plein d'onction de ces pieux pèlerinages, tel qu'il est sorti jour par jour, et quelquefois heure par heure, de la plume, ou plutôt du cœur de notre digne missionnaire ! Que de choses édifiantes, que de traits de feu et de l'amour le plus pur pour notre adorable Maître et sa sainte Mère sont renfermés dans ces écrits, dictés par la foi la plus vive d'un cœur vraiment sacerdotal ! A chaque phrase, et, pour ainsi dire, à chaque mot, M. Pascal se dépeint lui-même, et ces belles pages suffiraient à elles seules pour faire de lui le plus bel éloge.

Au retour de son pèlerinage à Jérusalem, il ne consacra que peu de temps à sa famille, et se hâta d'en entreprendre un nouveau qu'il avait grandement à cœur : c'était celui de la montagne de la Salette. C'est là que la Sainte-Vierge l'attendait pour le récompenser de ses travaux par une dernière grâce, qui devait couronner toutes les autres et en assurer le succès, d'une manière irrévocable. Bien des fois le bon prêtre s'était senti attiré vers la vie religieuse. Quoiqu'il fût très-discret dans ses conversations, il lui arrivait quelquefois de s'en ouvrir à ses intimes amis. « Je ne voudrais pas, leur disait-il, mourir dans la vie séculière. » Du reste, on remarquait en lui, dans toutes les occasions, une vive sympathie et une profonde estime pour tous les religieux avec lesquels il se trouvait en rapport. Dans une retraite qu'il fit sur la célèbre montagne, à quelques pas du lieu où la Sainte-Vierge s'était fait voir aux bergers, son entrée dans l'état religieux fut définitivement arrêtée.

C'est de là qu'il écrivit au très-révérend Père supérieur-général de la Congrégation du Saint-Esprit et du Saint-Cœur de Marie une lettre d'une piété touchante, dans laquelle il lui demandait humblement d'être admis au noviciat de sa Congrégation. « Jusqu'ici, lui disait-il, la bonne Mère me portait sur son cœur ; aujourd'hui elle veut me faire entrer tout à fait dans ce Cœur sacré. » Cette vocation, du reste, lui aurait, dit-on, été affirmée comme par une inspiration soudaine par le vénérable curé d'Ars, à qui Dieu se plaisait souvent à communiquer ses desseins sur les âmes.

Le P. Pascal était déjà avantageusement connu de plusieurs membres de la Congrégation. Aussi, malgré son âge un peu avancé, il n'eut pas de peine à être admis dans la maison de probation, alors à Maurivry, près de Paris.

Retracer les vertus qu'il pratiqua pendant un noviciat de deux ans, confondu au milieu de confrères dont plusieurs ne faisaient que terminer leurs études, oubliant sa position passée, renonçant subitement et sans transition aucune à toutes ses habitudes; en un mot, se faisant petit avec les petits, pour s'acquitter constamment et de la manière la plus édifiante des exercices les plus humbles de sa nouvelle position, ce serait chose difficile. Il n'y a, à le bien comprendre, que ceux qui ont eu le bonheur de passer par ces douces et consolantes épreuves.

Entré au Noviciat, sous la protection des saints Anges Gardiens, le 2 octobre 1858, il prit le saint habit religieux le 12 juin 1859, et reçut, sur sa demande, pour patron et nom de religion *Marie Immaculée*.

Le 26 août 1860, en la fête du très-saint Cœur de Marie, il fit sa profession religieuse et émit ses premiers vœux dans la Congrégation du Saint-Esprit et de l'Immaculé-Cœur de Marie, entre les mains du T.-R. Père Scwindenhammer, supérieur général de l'Institut. A ses côtés, deux de ses anciens confrères et amis de Bourbon, les RR. PP. Hervé et Orinel, se liaient aussi plus intimement au Seigneur dans la pieuse société, particulièrement vouée aux âmes plus malheureuses et plus délaissées.

Le 13 novembre suivant, sous les auspices de saint Stanislas Kostka, le R. P. Pascal faisait, au pied des saints autels, ses adieux à la maison-mère de sa Congrégation, à Paris, et recevait sa destination pour la nouvelle mission d'Haïti, qui, après de longues années de schisme, venait enfin de se rouvrir aux ouvriers apostoliques. Le R. P. Pascal fut heureux de s'y dévouer. Tout le reste de sa vie devait être désormais pour ses chers Noirs d'Haïti.

V. — Ses travaux apostoliques à Haïti.

Après la chute de l'empereur Soulouque, le président de la nouvelle République haïtienne, comprenant l'importance de la vraie religion pour le bien de son pays, avait renoué des relations avec le saint-siége. Un Concordat venait d'être conclu entre la cour de Rome et son gouvernement (28 mars 1860). Mgr Monetti, évêque de Cervia (Italie), nommé par le saint-siége délégat apostolique, à l'effet d'asseoir définitivement les bases de l'Église naissante, fut heureux d'avoir avec lui un missionnaire habitué aux pénibles travaux des colonies. Leur arrivée à Port-au-Prince, capitale de l'île, fut accueillie par les démonstrations les plus enthousiastes. Ils se mirent de suite à l'œuvre, et le zèle intelligent et expérimenté du P. Pascal aplanit à Sa Grandeur bien des obstacles. Comme il fallait préciser minutieusement le sens exact de la lettre du Concordat, Mgr Monetti comprit la nécessité d'y ajouter, sous forme d'explications, quelques *Articles supplémentaires*. Trois sénateurs furent choisis par le gouvernement haïtien pour s'entendre avec le délégat du saint-siége. Et nous pouvons dire ici que dans la solution favorable à des questions parfois épineuses et longtemps discutées, les sages données fournies par le P. Pascal pesaient pour beaucoup dans les décisions à prendre. Elles étaient sinon toujours acceptées, du moins écoutées par les deux parties avec le plus vif intérêt.

Le bien se fit donc rapidement et sur une grande échelle, comme il arrive d'ordinaire à tout commencement de mission. Mais à Haïti, de même qu'à Bourbon, après avoir semé dans la joie, il fallut, avant de recueillir, arroser dans les larmes.

Le retour de Mgr Monetti en Europe laissa le P. Pascal seul à la tête de cette Eglise à peine formée, avec le titre de vicaire général administrateur. Son humilité profonde eut beau prétexter la faiblesse et l'incapacité de ses talents, pour supporter le fardeau si lourd qui lui incombait. Il fallut obéir, et son obéissance fut celle du bon Pasteur toujours disposé à donner sa vie pour ses brebis.

Nous n'entrerons pas ici dans les détails de la nouvelle carrière apostolique de ce pieux missionnaire. Les œuvres qu'il entreprit ne furent que la répétition de ses anciens travaux de Bourbon. Partout, nous voyons la même abnégation personnelle dans les labeurs obscurs et pénibles de l'évangélisation des Noirs ; partout le même zèle pour la gloire de son divin Maître, le même dévouement au salut des pauvres âmes abandonnées. Nous ne pouvons toutefois nous empêcher de citer une circonstance où ce vrai pasteur employa toutes es ressources de son cœur pour protéger son cher troupeau contre un malheur immense qui allait fondre sur lui.

Quelques démêlés politiques étaient survenus entre le gouvernement haïtien et la couronne d'Espagne, à propos de la délimitation des frontières de la république dominicaine placée sous le protectorat espagnol ; la question s'envenima encore de nouvelles susceptibilités personnelles, et finalement on menaça d'en venir aux voies de fait. Une flotte de six frégates et deux corvettes de guerre vint mouiller en rade de Port-au-Prince (juin 1861), sans autre préliminaire que la déclaration d'un bombardement, si, dans les vingt-quatre heures, réparation publique n'était accordée au pavillon de Sa Majesté catholique. L'exaspération de la ville contre cette vengeance imméritée devint extrême. Le plus grand nombre des officiers militaires poussèrent le président Geffrard à la résistance. Ordre fut donc donné aux femmes et aux enfants d'évacuer la ville, et de se mettre sur la défensive. Au milieu de la panique générale, la religion eut une mission bien consolante à remplir. Le P. Pascal, tour à tour à l'église et sur les places publiques, essayait, mais en vain, de calmer la population : les heures s'écoulaient et rien n'était conclu. Considérant alors toutes les calamités qui allaient suivre une lutte inégale, mais terrible, et, pressé par la voix de son cœur, il se rend au palais du Gouvernement, exprime sa profonde douleur au chef de l'État, et le conjure, par ses larmes et la vue des dangers de ce pauvre peuple, de ne point écouter de funestes conseils. A sa voix, l'exaltation parut enfin s'apaiser peu à peu, pour faire place à la prudence. On consentit à entendre les propositions de paix ; et, grâce à l'ascendant de la religion, la ville de Port-au-Prince fut sauvée de sa ruine. La consolation du pasteur fut bien grande, car il vit en cela le triomphe de l'élément religieux et civilisateur sur le vieil élément de la barbarie africaine. Les actions de grâces furent publiques, et le chant des cantiques vint de nouveau réjouir ces cœurs si cruellement consternés.

La réforme de l'Église d'Haïti devait être générale, et il fallait à tout prix détruire le vieux levain qui avait si longtemps fermenté durant le schisme précédent. Aussi, quelles peines incroyables la patience du pieux missionnaire n'eut-elle pas à supporter! A mesure qu'une difficulté était résolue, d'autres plus nombreuses et plus graves surgissaient de tous côtés. Tantôt il était aux prises avec les mauvais catholiques, tantôt avec les protestants et les francs-maçons ; il avait tout ensemble à combattre les susceptibilités des uns, à éviter les froissements des autres, et enfin à faire triompher la cause qu'il défendait, c'est-à-dire les principes qui représentent la morale et la religion.

L'entreprise était immense, mais la faiblesse du pasteur était rassurée par la plus entière confiance en la bonté infinie de Dieu, dans les prières de ses frères en religion, et dans les bénédictions particulières de son supérieur général qu'il ne cessait de réclamer.

Rien ne fut oublié dans le plan qu'il s'était tracé : la décoration de la maison de Dieu, tout ce qui pouvait rehausser la pompe de nos cérémonies religieuses, le chant des cantiques et des saints offices. Le culte divin, et surtout celui de Marie, furent particulièrement chers à sa piété. Il installa régulièrement les catéchismes à l'église et dans les écoles, pour préparer les premières communions, dont le nombre s'augmenta considérablement. Pour suffire à tous ces travaux, il lui fut adjoint un prêtre de la même congrégation, le P. Gabriel Chenay, ancien et vaillant missionnaire de la Sénégambie. L'œuvre reprit une impulsion nouvelle : les pauvres malades purent tous recevoir les consolations de l'Eglise, les prisonniers furent visités assidûment, et même ils purent jouir du bienfait si précieux de la sainte messe et de l'instruction religieuse ; les malheureux condamnés à mort par la justice humaine furent assistés jusqu'à leurs derniers moments ; de nouvelles chapelles furent érigées en différents endroits, et il n'y eut pas jusqu'aux nombreuses habitations qui couvrent l'immense territoire de la paroisse de Port-au-Prince, compris dans les Mornes, qui ne furent de temps à autre soigneusement évangélisées.

En février 1862, la mission d'Haïti fut pourvue d'un nouveau délégat dans la personne de Mgr Marie-Martial Testard du Cosquer, ancien vicaire général de Mgr Lacarrière, alors évêque de la Guadeloupe. Le zélé prélat, dès qu'il se vit chargé de ce fardeau, déploya la plus grande activité pour assurer le progrès de l'Eglise haïtienne. Reconnaissant des efforts tentés par le R. P. Pascal, il le maintint dans son titre de vicaire général, et l'on put alors entrevoir sérieusement un meilleur avenir. Les paroisses étaient généralement dans un état déplorable, faute de bons prêtres pour les desservir. Il fut donc pourvu à de nouveaux placements, et, pour fixer désormais les revenus des églises, les fabriques furent organisées sur un nouveau pied.

La lutte du mal contre le bien n'en continua pas moins. A peine la délégation de Mgr du Cosquer fut-elle terminée, que le génie du mal, quelque temps comprimé, se réveilla plus fort que jamais. Les partisans nombreux de l'opposition religieuse renouvelèrent leurs intrigues dans l'intérieur

des familles, et jusque dans les Chambres. Cette pauvre Eglise naissante se vit un moment bien près de sa ruine. Le P. Pascal fit alors paraître une énergie à laquelle ne s'attendaient pas ses adversaires. Plein d'une sainte indignation, il dénonça publiquement, du haut de la chaire de vérité, les honteuses manœuvres des ennemis du Concordat, et les menaça de la malédiction divine, s'ils persistaient dans leurs œuvres d'iniquité. Rappelant alors avec feu toutes les promesses qu'ils avaient faites au saint-siége, lorsqu'ils avaient sollicité depuis un demi-siècle la faveur d'être unis à l'Eglise romaine, il termina en s'écriant : « Après tout, si vous vous repentez d'avoir obtenu ce Con-
» cordat, dites-le hardiment. Mais avant que vous ayez
» déchiré cette œuvre, si éminemment religieuse et civili-
» satrice, vous aurez jeté mon corps à la mer, car je
» mourrais mille fois plutôt que de manquer à ma con-
» science et à mon devoir ! » Force fut donc à l'opposition de battre en retraite, et le bien triompha de nouveau. — A cette même époque, le zélé missionnaire reçut de son supérieur général un grand encouragement ; il fut admis à la faveur d'émettre les vœux perpétuels de religion. Ce fut pour lui une consolation d'autant plus douce qu'il allait se trouver bientôt à la fin de sa carrière. Au printemps de l'année 1864, il tomba très-gravement malade par suite de l'excès de ses fatigues. Il fut, trois jours entiers, livré à une agonie terrible, à laquelle la science des médecins ne pouvait rien comprendre. Le quatrième jour, il sembla se réveiller doucement comme d'un rêve pénible, et il demeura persuadé que la très-sainte Vierge l'avait préservé de la mort. Sa convalescence fut longue, et quand Mgr du Cosquer revint à Haïti, avec le titre d'archevêque de Port-au-Prince (juin 1864), il ne pouvait encore qu'avec beaucoup de peine se soutenir.

Le pieux missionnaire voulut cependant recevoir lui-même le premier pasteur de l'Eglise haïtienne, et, d'une voix à demi éteinte, il exprima à Sa Grandeur toute la joie de son âme et toutes les espérances qu'il attendait pour l'avenir de cette mission. La réponse de Monseigneur fut un chaleureux remerciement du courage et du dévouement du P. Pascal, et, devant l'immense foule de peuple assemblé pour la cérémonie, il fit le plus bel éloge de cette abnégation religieuse, portée jusqu'au sacrifice et à l'immolation de sa propre vie.

Le rétablissement du P. Pascal exigea toutefois une prolongation de repos absolu. C'est alors que le nouvel archevêque nomma à la cure de Port-au-Prince M. Lorblanchet, jeune prêtre qui venait de quitter notre colonie de Bourbon pour rentrer en France.

Au mois de juillet de l'année suivante, lorsque la santé du P. Pascal n'eut plus à craindre de rechute, Monseigneur comptant sur le zèle et la grande expérience dont il avait donné tant de preuves, l'envoya fonder, avec un de ses confrères, le R. P. Chenay, une mission nouvelle dans la partie de l'île la plus abandonnée au point de vue religieux, la mission de Saletrou.

VI. — Ses derniers travaux et sa mort.

Ce fut une grande joie pour les gens du pays, de voir venir s'établir au milieu d'eux les missionnaires du Saint-Cœur-de-Marie. Ceux-ci, de leur côté, ne furent pas moins heureux de se dévouer pour ces pauvres âmes délaissées. Aussi se rendirent-ils de suite à leur nouveau poste.

Là, tout était à faire. Sans se décourager par les difficultés de toutes sortes qui se présentaient, le R. P. Pascal se mit à l'œuvre avec ardeur.

Le compagnon de ses travaux apostoliques, le R. P. Chenay, entreprit l'exploration des Mornes, pour se rendre compte du nouveau théâtre où devait s'exercer son zèle. Mais à peine avait-il commencé qu'il fut atteint d'une très-forte fièvre. Transporté à la ville voisine de Jacmel, il y rendit son âme à Dieu, le 15 août, fête de l'Assomption de la Très-Sainte Vierge, à deux heures du matin, pour aller, on l'espère, assister au triomphe de la Reine des cieux, et recevoir la récompense du généreux missionnaire.

Ce n'était là encore que le commencement de l'épreuve. Une autre victime était demandée. Et dès le lendemain, à la même heure, deux heures après minuit, le R. P. Pascal, sans connaître aucunement la mort de son confrère, expirait, lui aussi, entre les bras de Jésus et de Marie, qu'il avait tant aimés, et dont les noms sacrés étaient sans cesse sur ses lèvres et dans son cœur !!! Quelle rencontre dut être celle de son âme avec l'âme du P. Chenay, se retrouvant ainsi réunies, mais pour toujours, dans le cœur immaculé de Marie !!!

On ne peut bien constater la cause immédiate de la mort du cher P. Pascal. On sut seulement qu'à partir de l'époque de sa séparation d'avec le P. Chenay, envoyé à Jacmel, il alla en s'affaiblissant jusqu'au moment où il rendit son âme à son Dieu, à la divine volonté duquel il s'était entièrement abandonné à la vie, à la mort. *Sive vivimus, sive morimur Domini sumus* (Rom., XIV, 8).

Voici ce qu'écrivait au P. Aymonin, le digne curé de Jacmel, M. l'abbé Charbonneau : « Quant au bon P. Pascal, je ne puis rien vous apprendre de bien circonstancié. Ce que je sais, c'est qu'il est mort le 17 août, deux jours après le P. Chenay ; je suis parti pour Saletrou le plus promptement possible; mais en y arrivant le samedi, 19, au matin, j'eus la douleur d'apprendre qu'on avait procédé à l'inhumation du regrettable défunt le vendredi au soir.

» Après un moment de repos, je convoquai la population du bourg, et j'offris le très-saint sacrifice pour ce digne pasteur. Tous ceux qui étaient présents furent sensibles aux quelques paroles que je leur adressai. Le lendemain dimanche, après la messe, nous nous rendîmes au cimetière, je bénis la tombe où repose le corps du bon

Père ; la place est marquée, et je suis sûr qu'elle sera respectée. Puisse cette relation être de quelque utilité ! C'est une tâche que j'ai remplie avec un profond sentiment de cœur : ce sont deux bons amis de moins pour moi devant Dieu ; il est rare que leur souvenir ne me soit pas présent. » (Lett. du 13 fév. 1866.)

Deux autres jeunes prêtres de la Mission d'Haïti venaient aussi de succomber récemment. Monseigneur l'archevêque de Port-au-Prince adressa à son clergé, à l'occasion de ces pertes douloureuses, une circulaire où nous lisons les lignes suivantes, qui termineront cette notice :

« J'avais créé dans la paroisse de Saletrou, le centre d'une mission dont j'attendais les plus consolants effets. Sur un immense territoire, complétement privé jusqu'ici de secours religieux, une population nombreuse réclamait depuis longtemps l'assistance du clergé. Il fallait à ce poste difficile plusieurs ouvriers, des hommes sûrs, éprouvés, acclimatés, animés d'un même esprit et d'un même dévouement. J'y ai envoyé les RR. PP. Pascal et Chenay, que vous avez tous connus et vénérés. Ils y sont arrivés pleins de joie. Quelques jours après son installation, le P. Chenay ressentit les atteintes d'un mal dont il était frappé depuis longtemps. Il descendit à Jacmel pour y chercher des secours qui devaient malheureusement échouer devant une maladie déjà invétérée, et le 15 août, jour de l'Assomption de la bienheureuse Vierge Marie, à deux heures du matin, il recevait des mains de Dieu, la récompense réservée à ceux, qui comme lui, ont vaillamment combattu et qui meurent fidèlement, les armes à la main.

» Le lendemain, 16 août, éloigné de son frère en religion, sans avoir connu sa fin, le P. Pascal succombait de son côté, aux atteintes d'une fièvre ardente, et tous les deux unis par les mêmes vœux, les mêmes travaux, par les mêmes douleurs souffertes ensemble, se sont trouvés en même temps devant leur Maître pour lui montrer ce qu'ils ont fait pour le pays, et pour le supplier, je l'espère, d'épargner et de bénir une œuvre dont la fondation leur a coûté tant de peines, et leur coûte aujourd'hui la vie.

» Que de regrets, M. le curé, doivent nous inspirer ces pertes irréparables ! Que de reconnaissance nous devons garder à ces chères mémoires ! Que de respect il nous faut conserver pour ceux de nos frères qui ont relevé si haut l'honneur de notre sacerdoce, et ramené tant d'âmes dans les voies de la vérité, par la confiance et la vénération qui accompagnaient leur ministère. » (Lettre circ.; Port-au-Prince, 25 août 1865.)

www.ingramcontent.com/pod-product-compliance
Lightning Source LLC
Chambersburg PA
CBHW060913050426
42453CB00010B/1701